D1242951

FEB   2008

INDIAN TRAILS
PUBLIC LIBRARY DISTRICT
WHEELING, ILLINOIS 60090
847-459-4100
www.indiantrailslibrary.org

DEMCO

Earth Matters
Oceans

Nuestro planeta es importante
Los océanos

PROPERTY OF INDIAN TRAILS
PUBLIC LIBRARY DISTRICT

Dana Meachen Rau

Marshall Cavendish
Benchmark
New York

2

Jump over the waves. Swim in the salty water.
Sail in a boat. It is fun to play in the ocean.

Saltar sobre las olas. Nadar en el agua salada.
Navegar en un bote. Es divertido jugar en el
océano.

Oceans cover planet Earth. In fact, more of Earth's surface is ocean than land. Oceans cover about two-thirds of Earth.

Los océanos cubren gran parte del planeta Tierra. En realidad, los océanos cubren más superficie que la tierra. Los océanos cubren aproximadamente dos tercios del planeta.

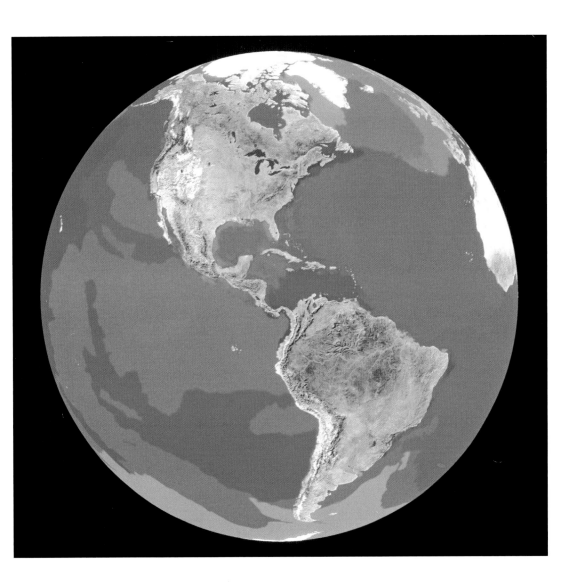

5

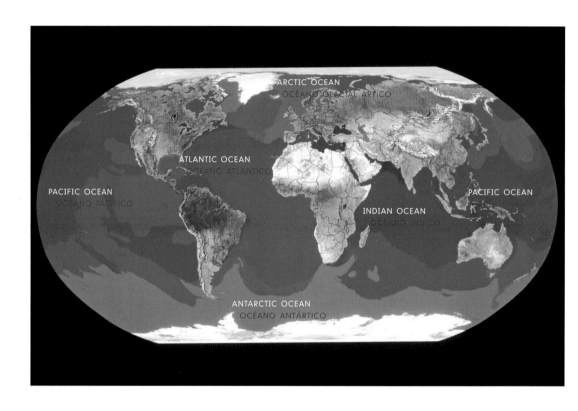

ARCTIC OCEAN
OCÉANO GLACIAL ÁRTICO

ATLANTIC OCEAN
OCÉANO ATLÁNTICO

PACIFIC OCEAN
OCÉANO PACÍFICO

PACIFIC OCEAN
OCÉANO PACÍFICO

INDIAN OCEAN
OCÉANO ÍNDICO

ANTARCTIC OCEAN
OCÉANO ANTÁRTICO

The main oceans are the Pacific, Atlantic, Indian, Arctic, and Antarctic. The Pacific Ocean is much larger than the others. All of the oceans are connected.

Los océanos principales son el Pacífico, el Atlántico, el Índico, el Glacial Ártico y el Antártico. El océano Pacífico es mucho más grande que los demás. Todos los océanos están conectados.

The *coast* is where land meets the ocean.

El océano se encuentra con la tierra en la *costa*.

The water is not deep near the coast. It is *shallow*. But in some places, the ocean is very deep.

Cerca de la costa, el agua no es honda: Es *poco profunda*. Pero en algunos lugares, el océano es muy profundo.

The bottom of the ocean is called the ocean floor. The ocean floor is not flat. Its deepest areas are called *trenches*.

El fondo del océano se llama lecho oceánico. El lecho oceánico no es plano. Sus lugares más profundos se llaman *fosas*.

The ocean also has underwater mountains. Some mountains poke above the surface. Then they are *islands*.

El océano también tiene montañas debajo del agua. Algunas montañas se asoman a la superficie. Esas son las *islas*.

Sunlight shines into the top of the ocean. This is where most fish live and plants grow.

La luz solar penetra la parte superior del océano. En ese lugar vive y crece la mayoría de los peces y de las plantas.

The deeper you go in the ocean, the darker it gets.

Mientras más te sumerges en el océano, más oscuro es.

There is also more *pressure* in the deep ocean.
Pressure is the weight of the water above you.

En lo profundo del océano también hay más
presión. La presión es el peso del agua sobre ti.

17

Oceanographers dive deep to learn more about the ocean. They use strong ships called *submarines* that cannot be crushed by the pressure. Submarines also have bright lights to see in the dark.

Los *oceanógrafos* se sumergen en las profundidades para aprender más acerca del océano. Usan naves resistentes llamadas *submarinos*, que no pueden ser aplastadas por la presión. Los submarinos también tienen luces potentes para ver en la oscuridad.

Water in the ocean does not stay still. Wind makes waves on the surface of the water. It pushes these waves toward the coast. The waves break on the shore.

El agua del océano no se mantiene inmóvil. El viento forma olas en la superficie del agua. Y empuja las olas hacia la costa. Las olas se rompen en la orilla.

Currents are made by wind, too. Currents are paths of fast-moving water in the ocean. The Gulf Stream is a current that circles around the Atlantic.

El viento también provoca las *corrientes*. Las corrientes son cursos de agua que se mueven rápidamente en el océano. Una corriente que circula por el Atlántico es la corriente del Golfo.

Tides are the rise and fall of the ocean's surface. At high tide, water comes high on the beach. Boats can get close to the shore.

Las *mareas* son el movimiento hacia arriba y hacia abajo de la superficie del océano. Con la marea alta, el agua sube en la playa. Los botes pueden acercarse a la costa.

At low tide, water goes out from the shore. You can look for crabs in the sand.

Con la marea baja, el agua se aleja de la costa. Se pueden buscar cangrejos en la arena.

People use the ocean. They fish for food. They drill for oil under the ocean floor.

Ships cross the ocean to bring people from one place to another.

Las personas usan el océano. Pescan para alimentarse. Buscan petróleo perforando debajo del lecho oceánico.

Los barcos cruzan el océano para llevar gente de un lado a otro.

Challenge Words

coast Where land meets the ocean.

currents Paths of fast-moving water in the ocean.

islands Land surrounded by water on all sides.

oceanographers People who study the ocean.

pressure The weight of water.

shallow Not deep.

submarines Strong ships that can dive deep in the ocean.

tides The rise and fall of the ocean's surface.

trenches Deep areas underwater.

waves Ripples on the surface of the ocean that move through the water.

Palabras avanzadas

corrientes Cursos de agua que se mueven rápidamente en el océano.

costa Lugar donde el océano se encuentra con la tierra.

fosas Lugares profundos debajo del agua.

islas Tierra totalmente rodeada de agua.

mareas Movimiento hacia arriba y hacia abajo de la superficie del océano.

oceanógrafos Personas que estudian el océano.

olas Ondas de agua que se mueven sobre la superficie del océano.

poco profunda No es honda.

presión Peso del agua.

submarinos Naves resistentes que pueden sumergirse en las profundidades del océano.

Index

Índice

With thanks to Nanci Vargus, Ed.D.,
and Beth Walker Gambro, reading consultants

Marshall Cavendish Benchmark
99 White Plains Road
Tarrytown, New York 10591
www.marshallcavendish.us

Text copyright © 2009 by Marshall Cavendish Corporation

All rights reserved. No part of this book may be reproduced or utilized in any form or by any means
electronic or mechanical, including photocopying, recording, or by any information storage and
retrieval system, without written permission from the copyright holders.

Library of Congress Cataloging-in-Publication Data

Rau, Dana Meachen, 1971–
[Oceans. Spanish & English]
Oceans / by Dana Meachen Rau = Los océanos / por Dana Meachen Rau.
p. cm. – (Bookworms. Earth matters = Nuestro planeta es importante)
Includes index.
ISBN 978-0-7614-3494-8 (bilingual edition) – ISBN 978-0-7614-3469-6 (Spanish edition)
ISBN 978-0-7614-3048-3 (English edition)
1. Ocean–Juvenile literature. I. Title. II. Title: Océanos.
GC21.5.R3818 2008
551.46–dc22
2008017113

Editor: Christina Gardeski
Publisher: Michelle Bisson
Designer: Virginia Pope
Art Director: Anahid Hamparian

Spanish Translation and Text Composition by Victory Productions, Inc.
www.victoryprd.com

Photo Research by Anne Burns Images

Cover Photo by *Photo Researchers*/F. Stuart Westmorland

The photographs in this book are used with permission and through the courtesy of:
Photo Researchers: p. 1 William Ervin; p. 8 Jeffrey Greenberg; p. 14 Gregory Ochocki;
p. 15 B.Murton/Southampton Oceanography Centre; p. 11 Alexis Rosenfeld; p. 17 Dr. Ken MacDonald;
p. 21 William Ervin. *Corbis*: p. 2 John Henley; pp. 5, 6 Tom Van Sant; p. 9 Larry Dale; p. 18 Ralph White;
p. 22 NASA; p. 26 Ecoscene/Richard Glover. *Peter Arnold*: p. 12 Franco Banfi; p. 29 Jim Wark.
Alamy Images: p. 25 IML Image Group.

Printed in Malaysia
1 3 5 6 4 2

3 1125 00743 6585